*Notes from the Sea*
*Notas del mar*

# Notes from the Sea
# Notas del mar

Marjorie Agosín

Translated by Suzanne Jill Levine

WHITE PINE PRESS / BUFFALO, NE YORK

White Pine Press
P.O. Box 236
Buffalo, NY 14201
www.whitepine.org

Publication of this book was supported by public funds from the New York State Council on the Arts, with the support of Governor Kathy Hochul and the New York State Legislature, a State Agency; and by the Huntington Fund at Wellesley College.

Acknowledgements: Some of these poems appeared in *CATAMARAN*, *Review: Literature and Arts of the America*, and *World Literature Today.*

Cover Image: Image by Lydia Rubio © 2015, "Patagonia Night #1," Watercolor on paper, 54 x 48 inches

Printed and bound in the United States of America.

ISBN 978-1-945680-73-1

Library of Congress Control Number: 2024930187

*To the sea of our childhood that we carry in us*

# Contents

## Notes from the Sea

## Notas del mar

# Notes from the Sea

# I

The sea looks up at the fireflies above, like sentries in a foamy sky. Writing, endlessly unfolding night after night, awaits the even more infinite sea.

In the distance the splash of a tear slides along the sand.

This sea, perhaps my only sea, has few islands to spare. Perhaps only two, quite far away. I think of the solitude of those two islands under a rainfall of ashes. When my heart was a mere seed, poppies grew beside the sea, guiding my dreams. The sea, my sentry, kept guard over me like the fireflies as I slept. I imagined it covering me with sheets, rocking me gently. I imagined it imitating siren songs for me and the seashells and that is how I grew up alongside the sea. It was only the sea and his words.

Seeking a light over this sea, I found the light of your eyes, I found a hand reaching or lips seeking in desire some wave that leads us—asleep—around the moon. That sea at night is a sea of fragility, a sea of those absent, like an ocean of questions.

My mother's eyes are as ancient as the sea, sometimes celestial blue, painted with violet. I have seen myself in them, or have found in them, like fate, a sea of mirrors. One day I found an island in her eyes and the darkness of sorrow that was shipwrecked on her shores.

And she looks at you in that way until one day you fill with light the world that you had guarded in your eyes.

In its brief pauses, the sea, with its vast wonder, taught me that the forgotten vanishes to be found again amid the sounds of a tender sea that gathers everything into its sanctuary.

Beneath that sea there might be a nest, a forest of algae, the nest always warm and still, a nest, a country, a forest, a great sigh from the earth. The sea along these coasts makes me dream of waves, waves that bring back words, a word I lost one day when wandering away from its shelter.

The sea one day went to the mouth of the river, to the banks of its water, to the coastal edge where everything is a constellation of life, of clear and muddy waters, of mud and salt. One cannot silence the sea, cannot silence the voice of love, a voice deep in the sea and always far away.

Will the sea keep the trace of its days in the sand?

A woman lived on an island. The sea she held in her hands took care of the birds that nested there. Life and death came to that island. The woman and her birds. Only water, sun and time. Her birds, life and death like a loyal neighbor.

The sea also needed us to look. This sea that opens like a novel to be read. The sea that at night closes like a poem. Like a letter made of water.

The sea overflows impatiently like a short-lived love, like a passing secret. Like a distant voice heard at night, the sea and you. You and the sea, on nights, at high tide.

Of all the promises, the only one that doesn't fail us is the sea. In its memory the sea prepares the dream of a wave that is sleeping.
From your sea to mine the distances are imaginary.

I long for the sea of Chile, I miss the nights of that ocean, of that distant coast that sheltered our childhood. I miss that sea that one day may have allowed us to drift and kindly spoke to me about its shores.

And so, time passed and one day on the rocky shores, the sea went out to party. The sea chose to dress in sand. It swept by, shredding the clocks to slivers. And with a stolen voice its sand spoke of horizons. The sea needed to find its own voice, a companion voice, a sound in which to swim. It needed an ally, eyes that were an accomplice.

And so, the sea dressed itself in shadows. Its persistent light darkened, and the sea curled up furtively. But it still returned under a wave of sadness after its exile, the sea returned to my feet and said forgive me in its strange language, forgive me if, one day, I dress in shadows. It doesn't matter, I answered, that's all gone, now you can dress yourself in light. And without knowing or asking, only feeling the love of its waves, the sea, just like your eyes, became my refuge.

The sea is always summer, both present and distant, the garments of clear water, and, upon awakening, the sigh of a kiss on my lips.

When they asked the pilot of the Sahara how he would like to die, Antoine de Saint-Exupéry said all he needed was a glass of water to descend into the abyss of sleep, in that way "I will fall asleep and as I die another dream will begin."

Writing about water is a joy or a fleeting happiness, feeling the affirmation of water in the thirst of a word written in dizzying blue ink, ink between fingers that write about a sea that slips away, wave after wave.

The night over the sea that undresses revealing in its magnificent nudity a clear and savage night and there are no shores upon the sea, no borders, it is all an evocation of a blue that conjures rain and other elements intertwining in the warp of the algae and the reflection of a twilight rain, a light of words over the water.

The sea in August foretells the end of a season, beaches emptied little by little, their sand returning to its usual pale pink. Only a few now outline a castle left by children upon the sand that fades away in memories.

This is when the sea seeks its blanket to cover everything in a color wavering between gray and sky blue in waters that reflect the end of summer when already old and wearing jackets, other people observe its castles worn down by the ocean as they walk slowly along.

Soon autumn came and the sea wore copper and sepia, its vastness also covered with the leaves that the wind wrenches from their trees. Only the sea will be the keeper of our memory.

And to remember you more, I will cover the waves with seven roses and their petals like little paper boats that ride away on the frothy spume and our laughter, in the memory of the one you once were when we too were beside you.

The ocean with its endless ebb and flow and its silence. The wise sea that never tells the whole story, that never finishes anything and that nevertheless understands everything, even the moments when silence reigns.

And upon that wave I sent you gifts, stones or some half-finished letter, a perfume made of roses that grow near the shore. I was sending them to you believing that the infinite voyage on those waves would make them travel, thinking of that time without haste and I imagine that perhaps when they arrived, they would still retain their natural wrappings of algae, shells and oceanic rocks.

And I remember having slept my whole childhood beside you, Pacific Ocean, while in the dreams of my nights I'd open the window to tell you some secret, then would awaken to your smell of tiny stones and put on the seaweed you left in my bed.

Now it's the Atlantic, this sea of sobriety like a love that doesn't overwhelm me, like time in a soft voice between words and words, but still it is the Pacific to which I return when my heart of and old and wild girl cries out in its longings, that sea is the one to whom I run, who embraces me at my waist understanding my surrender, that Pacific Ocean with its murmurs and stories.

Now it is autumn whose honey leaves come galloping on the wind, rolling in like a new sea, a sea of whispers. The texture of yellows with the blue of an evening that fades into night over a sea that hurries to heal your pain.

The sea, now dark in the night, gave you light and tranquility, seeking you in the lost steps of the corridors that take us back to childhood, in a house where the rain is memory or the one who smiles as I inch closer towards the shore of your feet.

The rain falls over the dazzled sea, imprecise and without regard for caution. That rain which only falls near the end of the world. That rain which falls and falls over the silhouette of a sea searching in the fog, weeping, the sea enamored with its song of far-flung distances. The sea in the rain that returns over it and the fog dancing as my eyes close in the memories of a childhood in love, of lights and days when idleness was a virtue.

The sea of certain days when I try an alphabet made of water on the sands.

Night has fallen and in the distance the sea sings with me while I hear his voice between the lines. Now we, the sea and I, are silent love. All night long the sea plays around my waist daubing my eyelids with its salty water, and I dress in a blue gown, celebrating the attire of a girl who consecrates games of innocence.

The sea that winter when death seemed so distant, among friends who were a presence for an instant, who were the alphabet or signs outside of time, leaving behind the country of those who remained on the shore playing with the waves. And I wonder if some day they too returned to this sea, this seashore that still remembers the rhythm, the memory of an absence that comes into view like a figure in the ashes.

The women in the ocean and their eyes are made of water. Looking at the distant cliffs. The women in the ocean get close to the waves to tell their secrets and sing of their sufferings to oblivion. The sea women also have the voice of water, the voice of clocks that toll the hours of the world and look toward the sea. For them there weren't seven seas but only one sea that was also yours and mine at the same time. That sea that loves and roars for some is the sea that now listens to our prayers.

The sea bears witness to absence as an accomplice in the dark night of childhood. The sea that learned to forgive us played with our shadows, as in our birth and the first light.

Then we were falling in the silence where words stripped of meaning deep down in the sea sing their lost sound. Since then, nothing returns save one night over the water and, without an alphabet, the sea rests.

I thought all our history could be written in a letter made of water but also in a note made of wind. And so, I returned to the sea of solitude, the sea of winter trapped between darkness and vertigo, I returned to the sea and told him my secrets. And I leaned against his back as if galloping on a universe of water and I returned to the wandering solitude of the sea that defines its horizon, the sea that decides not to be there any longer, the sea between shadows and fear. And we wrote each other those letters with water ink, letters that could see the river and the distant ocean. And the sea kept them as it already knew their—our—secrets.

In the stillness beckoned by the hours the wise sea withdraws. This slow sea, its waves rising with mother-of-pearl wings, keeps to itself in the still hours, and from the frothy spume thousands of dancing birds watch over the sea as it sleeps. As it reposes in its immensity, it is the sea that sleeps in silence, while a mist flies over the barefoot waves and the frothy spume hides. The embrace of the sea is not opaque but rather is the mist seeking its waves. It is gray, and at times I think of the mist that teaches you to look again until suddenly I see that it is like a beehive made of light.

My hand writes words in the sand conjuring the sun and water, fine sand so ephemeral that it vanishes into the welcoming sea; my hands, words, the sand erase in this eternal game the swaying ebb and flow that teaches us its rhythms and moments. I approach the shore and write next to the sea and so the sea now writes with me; I remember only words that at another moment were mirrors made of water while the sea speaks to me of splendor and nostalgia. How I would like to remember that dense geography and all the sorrows and write with blue ink that would spill that moment like a tear, and that which I can remember is nearing the seashore to write along-side the ocean.

And so, my mother and I take walks along the seashore following routes that sometimes seem long or short according to the days and our pace, according to the weather or perhaps the wind that weighs our footsteps. We walk in silence, sometimes discovering some abandoned agate pebble. I tell the sea that she is my mother and her beauty resides in the abandonment of memory. Today the wind watches over the sea, sailing alongside fishermen tossed amid the waves. It's the ocean breezes that secretly bring about your absences. The afternoon fades away and nightfall returns on those generous days by the sea, that night and the birds return.

As a young girl I learned to hear them despite how far away they were, which is why I hear them next to her, my mother with her caring soul; dancing birds of the sea, naked in the simplicity of their wings.

The girl plays with the sea spume while she imagines a bride's veil. The girl plays with the sea, gallops in its waves and likes to watch the sea rain. The girl wants the sea to enter her window and together walk for a while toward the chance of dreams. The girl plays with the sea and now that she's old she knows she always desired it, because she looks at it as if it were a swarm of fireflies.

My mother taught me to make believe that seaweed and algae were like hats. No one understood your persistence silences, only the sea that feels everything with the ineffable wisdom of water. I imagined that the ocean was a water forest. When I looked for the truth, I would look for the sea. My mother liked the seaweed that rests on the sand. With it she'd make braids that would cover her copper-red hair and then she would offer these gifts to the sea.

In that solitude, in the immeasurable loneliness of a wandering and withering heart, when the winter is already weeping and almost upon us, she sits beside the sea, our refuge from the days and stories and history.

The sea was always a splendor that captivates us, not only because it is bold and overpowering but also because its horizon and façades are infinite. The sea's immensity and desire were our aspiration and never our failure; the sea dressed in gray, only to return to its blue garments. Then it would wear pink and mauve as it brought us defiant dawn and starry nocturnes. The sea wears blue, the color of tears, a sound pauses as it caresses.

During the night I sleep beside the sea and curl up in his arms holding the universe, in his infinite, constant gaze. The sea is a bird with wings of light.

Perhaps yesterday's sea is not today's nor will be tomorrow's, but the sea always returns to find itself playing with that infinite space that does not fit in our memory, to return with magic spells gift-wrapped like boxes of toys while we wait for the mysterious twilight as the sea withdraws, wearing its majestic silence.

✻   ✻   ✻

Elias Canetti once gave a talk about the sea, saying that in some places the sea had a face as well as a figure, perhaps an aspect of death that for others was a rock. For me however it was always life and the tides in death.

Such is the sea of Chile, infinite and close at the same time, the foliage of a blue nation, a region that hides like an absence. More than feeling the sea, the important thing is hearing its abundance, serenity, density. A distant sea that sculpts our memory and dignifies time, remnants that float forever in a sea of light.

Fog dances over the water and envelops the waves with its invisible mist. The sea reappears, its waves dressed in white flowers. The mist hides and caresses it between its ashen wings. I'd love to take him along the coast road where it all slowly fades, even the heart that sings to him. The sea peeks out and returns again. The white roses on the ocean become a handful of stars, the mist falls away along roads where you can see nothing and everything.

The mist was flying low, quite low beside him, telling us stories. It slid between the waves as if wanting to caress with its hands the blue line of the horizon, perhaps waving good-bye or maybe not. The mist evaporates spaces and words making them seem as far away as the heart of this world. When the sea listens to the mist and words vanish, we will look for each other in the frothy spume, when the waves spew their time upon the horizon, we will know that you and I were a single alphabet, that of chance and love.

I love this disheveled port savagely inhabited by magicians and witches. Here my great-grandmother arrived with blue silk gloves and smiled in surprise at its singular beauty. The sea snatched her hat away and smiled with a single blue line that was its way of welcoming her, this sea which she always loved.

Then I fill myself with shadows and dress in a gray suit. I tell the sea my sorrows, but the signs on the sea are like a line drawn upon time. Now from far away I think of you, dear sea, and prepare for you an offering. A word of water or a message in a bottle.

I would like to return to that distant sea which I left behind to live near this other sea. I would like to remember in silence, to ponder the shelters the sea provides, to walk along a blue line on the vast horizon. And when the rains came, I cried with them to give a tear to that sea that watched us. The sea too wanted to be part of the water falling from our eyes toward that immense horizon.

The sea sang the songs of the ancient mariners, the songs of shipwrecked lovers and in those moments the ocean smelled like rose water.

That sea, the Ionic sea, carried our memory and that of the gods. Nothing was certain except the horizon. Nor did we know if the white villages, still inhabited, were swept by those winds that left behind a ghostly white in the water's light. That sea seemed to dance over sinewy waves that did not distinguish day from night, or perhaps this sea was merely a long stay, like a white petal marking the signs of a road as it rose and fell between thick stone walls.

And so, I crossed this sea and understood that between life and death the powerful sea reigns alone, save the sounds of ships. The sea of this time and of all times, and I felt that we were a country made of waters where in the distance the voice of the gods was also the voice of birds. Tired then, with the sadness of memory on his brow, Ulysses reached Corfu, just as alone as when he left Ithaca, and in this solitude, he lived for a while in the sand, remembering Penelope's kiss on his lips, her caress and the longest kiss, a kiss ephemeral like the grandeur of love. And on this isle of goodness the houses lit candles so that bewildered travelers would find them some-how whether asleep or awake.

Ulysses did not ask questions because he knew that existence was about questions without answers, and that he should extend his hand to the noble woman bedazzled by the lights of white villages with blue doors, knowing that he would return always to his own port to be with Penelope, she of the broken heart, who no longer had to understand longing or end-less waiting.

With words unsaid I bid farewell to this city and to the sea that guards it. A sea that wanders aimlessly, an ocean that did not wish to find or to look for anything as it already had a name and was glad to hear it spoken from your mouth, never wanting to leave again. That would be the name that you and I gave it once.

# II

The sea is that which we love from afar. A sea that at night was peace and sleep. A subtle tempo. The sea that by night is history and desire.

I grew up between the sea and dreams of water. Who were you in that sea? Was that sea also yours, bringing the voices of the wind and fearless women as far as the eye could see?

The sea that awaits and yearns for your gaze, needs your lips to name him. The sea that seeks us like the warmth of desire that is a light with a voice, a gaze that embraces. The sea and its shared solitudes.

Of all the absences it is always that of the sea which I miss, longing for the feeling of the night, of its nights, my night, the night that abandons us. And the sea which knows nothing of absences.

The lightning of fire between the paths of its water. A sea of love like a blanket over the bodies it lulls to sleep, a sea of clear nights, the sea of surrender.

Clandestine love does not exist. Neither does unfaithful love nor, even less, hidden love. For the sea hides nothing. Love is a traveling clarity, light and shadowy territory of lavish abundance. Love is a sloping hill and a path. A bridge between day and night, between life and death. A pause between one kiss and the next.

In the vast ocean wanders a waist like uncertain love, like unheard words. We learn to know what is infinite, what lies hidden deep in his eyes.

The sea often sketched you, painting you in your words. I gave you the sea of Chile, that fearless sea from coast to coast. And you'd give me the Adriatic in return, and we'd tell each other our story of love and water.

That sea that flowed through your eyes, thirsting for you at night. In cities without any sea, I would remember it. The sea of Chile, naked in my

21

childhood, would make light with its sounds. Like the unread poem, like those who are made only with the voice of the sea and its memory.

The sea too looks for someone to love, looks for a cloud with which to play. The sea became a mirror in our eyes; memory became pure silence.

Like a first love or the melancholy of an elusive memory. Sea approaches and hides. Devours what happens at night. Returns in the fragrant cascade of the days.

I think the sea is like that infinite love we are unable to comprehend. I thought of the sea like the blue of the whole world. I thought of an endless ocean. The caress of seagulls in motion. Over lines. A horizon.

That's why I write about the sea in its undulating perpetuity. While an infinite conversation accompanies its presence.

The sea does not offer fragments but rather mosaics made of blue transforming into turquoise. The sea is the heart of the sky, the heart of the world, the heart of infinite waters, waters without rest.

The sea and I were one heart as we listened to each other in silence. In that silence I felt salt sinking into my hands, the salt from water alive with bundles of ancient light, pointing toward the place where the dead would be found.

I remember that in your reckless fragility you rushed to the ocean, not longing for or looking for something you expected to find, only with your yearning to see the unfathomable seascape, the waves and how they stretched into the distance.

Fog envelops the sea of Chile when I can no longer speak, as its presence disperses everything in its vicinity, making things disappear for a brief instant. In that memory the ocean retreats, muted while she imagines a summer as immense as the sea every day, and thinks that in a wild heart dwells a season that never ends, like the ocean that drifts between eternity and infinity, beyond and so close to the house with all its dead.

Today I send you this letter made of water, today I pronounce a name in your memory just as you say my name to yourself on your lips. Recollections in the lights of a chiaroscuro which, further away, dreams us on the sea that opens in memory.

Neither doubt the beauty of that sea nor the terror of its currents. Do not doubt your eyes that remain looking secretly and wildly at the sea from a distance, those eyes whose look entwines with mine. The sea holds in its sanctuary the memory of those days where everything is lost, of that place where music takes us along the path of dreams where the waves resemble a shelter that guards those I have loved and who I now remember.

And so, I transcribe this time in the days when the sea returns my gaze, those days when it seemed like you did not pay him any mind. Those times when I had to be with you and you didn't seem to be there. It was then when the sea and I shared on the sly a language where there existed only permanence.

A water kiss, the sound of a caress, a somber water kiss, a water kiss opens toward the sea.

The ocean's time was like a season of love. Unsure and unexpected, vacillating between pause and precipice. One misty evening, it left behind its original form and the sand was an empty mother-of-pearl shell and you didn't return

I was used to your waves and didn't try to search among the rocks, nor did I ask the sea this question. Rather, I etched your name in the sand and it was then erased, dissolving like a bird with broken wings flying silently and alone toward death. But this time I didn't want to wait so I stopped watching the seconds go by.

We loved those forgotten cities of the sea and their pauses, their silence. The fragrance, the eternal night of that submerged city we loved, captivated by the quiet calm, where each word was a voice that could be heard, majestic and humble. And it was the voice of the sea and within us the voice enclosed in absence. It was poetry and its foliage, or a word made of water.

The sea taught me everything: its murmurs and its oscillations of nocturnal wings, the silence of those nights when we played with the Moon and the dancing clouds in my days of light. The sea taught me the names of other flowers that grew along the shore, along the coast road; this way I learned to look at things, the stones we keep in our memory and the stories of a love affair, told at sunset when the wind would entwine them in our hair as we went everywhere.

Of all the universes, the sea was the one I would always turn to, its fertile baroque, its amber-colored sky like an agate. In the sand I think of those lost and of the night that arrives with our memories.

In the night we reach the depths of what we are, the soul of things, reaching infinite pleasure as the sea is the guardian of our senses, guarding our memories and the slow pace of our footsteps.

I return to the sea as someone who returns calmly to desire, without haste. I return to the texture of the waves. Their swaying silence and that deep sound rolling back and forth, here close to the water where there is no caution, only the profound intensity of having lived. I return to the sea as if returning to a lost love, brought back by the sea, the ocean that returns all that we were missing—and the white rose of the ocean becomes a handful of stars as the mist fades into infinity.

The sea is gray, and yet has desiring lips, both absent as if hidden. The sea is a universe made of verse, a blue line that can be only infinite, the sea that receives and gives to all the seas.

At dawn the sea seems different, its voice dense, neither distant nor close, as if the voice of death had suddenly arrived. How is the voice of death? Could one of our senses describe it? And the sea faced with that death neither shouts nor sings, remaining completely calm and at peace while the waves would seem to crumble into a foamy gauze.

We crossed the sea in silence trying to hear its voice and fury, the waves of an ocean that struggled as if wishing to run away from its garments, gray scales. We crossed the sea in silence with our hands apart, like the wings of some bird taking off, leaving us behind. The sea left its voice behind as well and showed me so many things, but I could not enter its kingdom or into its voice like that of a lost clock way down below in history.

Sometimes I was Penelope who, having lightened her luggage, calmly descended the hills, elegantly carrying the space of absence in her gaze.

You will not forget Syracuse. You will imagine the wise men and women discussing in the square together with Archimedes revealing in his theory the grandeur and possibility of a certain understanding. You will walk among angels who stand guard between Jewish and Arab sectors, united by the persistent thread of history, and all of a sudden you will see that the lighthouse of Syracuse has come to you, that you have lived within its light. The same lighthouse that protected your returns because one returns only to the locale of memory, and in the distance your hand repeating the gestures and signs of a farewell.

Today you are leaving that old Syracuse to return to her, in every port, in each house that opens its gates. You have illuminated the lighthouse and its light guards your absences, an accomplice of the sea and its sounds, where nobody is wrong, and so you have arrived at the source of your gaze, reaching the persistent waterfall of light.

The sea that oiled my girlish skin with fragrances from the sun. They were happy days, perplexing like adolescence. Then we drank from a wine that was reddish like the passion in things and you brought it over to a fireplace that asked for more seasoned logs from the forest. We called the wine afloat as it floated from your eyes to mine, from one sea to another.

Something in you was like the sea: wild and enraged, and yet fragile like the days, ambivalent like a night facing the sea. Your voice had a look like the ocean, contained by everything and yet nothing.

The stones in the sea had their own voice and sounded like stories that were submerged and as enigmatic as love stories.

The sea and I surprise one another and like to gaze at each other, and in that gaze, we are born once again. You looked like that distant sea with your comings and goings like the ebb and flow of the tides. But you didn't know how to come back like the sea, which always returns.

The green ink I use to write or the blue when I create a love poem is ink from the sea, amazed by these waves of words.

# III

The children of the sea go down the stairs in their patent leather shoes, dressed in silk. Together they enter that sea which men condemn. Children trapped down below and sentenced by the decree of men and not by the sea.

Did the ocean keep in its niche the name of those children, those who followed its light down to the bottom? Does it keep the name of the ships that hail from other seas? Of the women who gather their tears in the sand?

The sea is the only one who gathers what goes away, who is given stories that spill tears which arrive on waves that break on the shore, all at once in the spume, bringing nothing and everything?

> Where does the sea keep our secrets?
> Does it keep the names of the dead children?
> The names of those who sought the other shore?
> Do those clocks falling from an unsteady hand,
> down to the very bottom, still have a voice?
> With what voice does the sea welcome them?

One day the sea of Chile lost its voice. And when your voice became silence, I realized that the voice of the sea also spoke about absences.

> What does the sea do in a dark room?
> What will the sea do in a locked room?
> What does the ocean do with a shipwreck
> or when the sea itself is abandoned?

And so, one day the sea retreats, suffocated because its voice has been usurped. In discarded ropes, the ocean without wind, without north or south.

One day the sea drew near me in a whisper, awakened by the thunder and hand grenades of which its ashes spoke. Wounded it returned to its depths, pleading for the return of your gaze.

Of all the oceans, the Chilean sea wavers over my childhood. Awakening me with a distant echo. He who asked me to look at him again and with whom I had so often fallen in love. Chilled and thirsty I swam toward his arms. I didn't think that I too could remain trapped in its seaweed like the branch of some river.

 I thought I was finding the light and the sea in your eyes but only found myself, even both of us, in the mist.

The sea hides among the ashes of its sadness, in the dense silvery spume, amid that dark spume returning like someone letting himself fall out of love.

The night falls, approaching in a blaze of darkness, that which the dusky sea longs for. The sea casts aside its sorrows, seeking in the most hidden corners of time for the light of certain days, the light of the night over the sea that pauses for a moment in the dark abyss.

The night listens when the sea and I look at each other, clearing the mist from my eyelids, facing that sea that receives openly the rhythm of the rain falling. The sea understood those tears coming down from the sky wanting to clean the world, and its waves received the breath of the rain and tears from the sky that caressed the sea. The sea allows itself to be caressed by the overflow of rain and patiently drinks its sweetness, catching in its waves the occasional blue tear.

The sea not only returns but also remains in its horizon as it approaches and invites us with its promise of abundance.

While I sleep, the waves thread my hair with seaweed, and the sea tells me stories while it braids algae tales in my hair. Then it covers me in its salty crystals, and we play with our shared braid in its waves while we drink together in a cascade of perpetually clear light.

When the absences dwell, disoriented among the shadows, when we fled from the word that marked us, I looked to the sea. I remember we were innocence, desire, nostalgia. And we were the sea, or perhaps I was only a mere presence.

When I shared the sadness of wandering birds, I flew with the wind that made a nest in my braid, and I went toward the sea in search of comfort with my blanket of fresh water.

Sometimes the sea and I are covered like mirrors facing death that travels in a gaze. Sometimes the sea and I are in the solitude of a timeless time.

The sea in its infinite sadness looks for what refuses to return, objects pulled by the afterglow of its mist that still blinded recognizes the sea of Chile, the sea that I hear when the questions come up, those that play among the threads of night, those that arrive along with the omens and the doubts, questions that the sea, patient, always answers.

That was the sea for you, which offered up everything without asking for anything in return, just as you now offer yourself to the sea in front of you. In all that fullness that knows how to listen between the surging waves, she loved the winter sea like an abandoned garden, like a garden that remains after a war. You loved the emptiness of the beach resorts and the horizon as if the whole sea were an infinite abandon or a lost space set adrift.

Today only that mist comes to me, descending upon a sea that moves languidly, with an almost divine grace. It advances without stopping as it knows the way back. The mist must arrive in time to envelop the sea. I get close to it because I don't recognize myself covered with a gray veil as it hides me between hands that are also mine.

A mist that recalls misfortunes and, as it advances, adorns the sea with a spectral texture, with a ghostly gaze.

A mist that comes from the sky to the sea of Chile, the mist we remember as a swarm of withering flowers that cover the trees of autumn.

A woman who leaves that island has lost the order of the days and the calendar of the seasons. She lives in a place without clocks or calendars. She doesn't reflect on time or sadness; in her refuge there is no death, death that returns to her to take those who surrender to melancholy.

The woman who lives on that island travels upon the waves searching for those bewitched by fate, and so she departs at the speed of wind and of the seaweed that rocks her as if she herself were a mass made of seafoam.

As time passes, she drifts far away and in solitude finds a root that gives life as well as death. The woman waits, the child waits, the grandmother waits, all of them when the sun sinks below an abandoned beach, when repulsive seagulls appear in search of a respite.

And the women, they always keep waiting for those who do not return, for those who deserted time by inhabiting seasons of absence upon the stones. They await someone who perhaps doesn't know how to return, who can't find his way back. Upon his leaving, cracks opened in the water's rhythm, in that ebb and flow where there is only a distance that vanishes.

And the women alone, in silence and with watery glances, look upon the sand for some trace in that immense time without time, maybe looking for themselves or some vestige to take them back to that image lost in their abysmal fear of loneliness.

Nonetheless the sea did not abandon this girl, small and unsure, who in her basket carries words that she slowly scatters among the stones, the girl with her flowers and fresh water voice, who from here listens to the voices which the sea has left behind, the voice of the Pacific still in the memories of those who hold out hope for a way out.

Today in the Mediterranean, in that white sea with the omens of the winds, or along the Dalmatian Coast in search of the memory of its stones. Each time the sea has its own voice, each time the sea with the secret of a glance when what emerges from the waterways approaches in its eyes.

Now I return to that wintry sea with its gray plumes, its calm and spectral darkness, a sea with a tenuous light of silence and distances.

I have returned to spread words on the shore so that the sea may transform its figure into the bodies of water in its sound. And I have returned as well to spread the midnight light so that the sea may guard it and sing to the dawn. And I have kept in my words a secret, calcareous cavity where solitary women conceal themselves, because only the sea knew the secrets of that sky.

At the bottom of the sea the silence is a forest as secretive as the foliage it keeps.

One day, Helena Broder embarked on a ship of hope named *The Copiapó*— a name which still harbors a tinge of fear in its wake. And so began the voyage that would breathe new life into her gaze. A voyage of hope guarded by the waves and the ocean winds; she admired the thunderous crashing sounds that illuminated the blue Chilean sea.

This is how she came to this house where she lived happily and was loved, where the sea always accompanied her footsteps along the hallways. The sea of Chile, which opened itself up as a refuge, was the path of hope.

Will the sea be the memory of nations? The before and after the war? Will some traveler wipe away his tears upon receiving the lost children from the war? Those who descended into those dark porous depths.

The sea held in its memory the forests and the blizzards, or possibly remembered the women who went to cry beside it, those besotted with absent loves. The sea was in my memory when it resounded in the cities, when everything was lost because I moved away from it. The sea's memory, my own memory, when I lost countries, loves and stories. Always the sea and the sweetness of butterflies that paused upon its spume.

When the ocean filled with ashes, we knew that soon the wind and sorrows would come, that the sea would leap out of its borders. Many called it the tsunami voice while others called it the growing presence of sadness facing a blizzard or the sea of silences when it sings. Then we moved away from the land to feel the force of its waves coming from that infinite horizon and astounded we tried to remember what we once had been.

For days the gray night dressed in blue and the grand waves of the Atlantic covered us; nowhere to escape and overwhelmed, we were the vulnerable sailor making his way amid the waves of an ocean storm that closed in on him, where there wasn't even a horizon beyond the water dragging us away in fear.

The sea's surface, hazy and enraged, entangled with its own waves, rises amid the froth. The northern sea, the gray ocean which has no pupils of light, suddenly resembles us—the dark ones, the suppressed, we who are surprised by nothing.

And one sea asked nothing of the other. The distant sea of Ithaca, I only wanted to remember because in memory, one can return. The sea was always afraid of the wind, of that wind that barely sings, that wind that doesn't speak to you, the wind like an ancient siren who tries to entrap you in her dark sound. The sea fearful of the taciturn wind, who, rather than carry messages, brings that which is forgotten.

A ghost wandered around the isle of Malta, entering by the old balconies, through the sepia-colored cracks. Nobody appeared on the narrow old cobblestone streets, and it seemed as if the world was not yet discovered and around it all the silence of death prevented entry into that other country. Nobody appeared in the old alleyways, no one came out to greet us.

Malta seemed like a disheveled city, burnt by history and by the sea that was also hidden, distant and silent, more like a muddled river in search of a country to be able to call itself the sea again.

There exist few seas where grief nests. Like a coast of absences or the enigma of things that vanish.

And beside the Adriatic in the city of Venice with the rhythmic tide like signs marking the passage of time, I shared that sea and the pain felt for lost things, and the words buried deep beneath the water.

You were like the swaying waves, an absent presence in which fate, unforeseeable and elusive, interceded, like that dry sea of certain days, the abundant ocean of others.

But always the sea where everything was a rhythmic presence.

Persephone,

Before returning to the land where there was everything she longed for, her mother dressed in blue and in the distance, her mother always in the distance. Persephone only wanted to hear the sea, to dip her legs in the radiant light of the water, only wanted to rub her dark feet in that sea which never lost its course, and which always watched over her from a distance.

That sea did not darken her face, the sea that made her happy amid the shadows of her days, the sea that peered out to greet her as spring was arriving with Persephone, and then she was sure that she would be happy.

The immensity of the sea is the immensity of love.

After the pause of no longer being in love, love arrives dressed in the light of the sea, clad only in that garment, only a calm horizon, a fading line smiling in the drunken joy of the water.

The sea invited us to its table and we listened in its silence.

And I also understood the sound of love, its subtlety and vigor. I thought of its absence as I thought also of yours. I thought of presence as the living water of all desires.

The women who wait, those who peer across the old bathing resorts and their sunsets. At the loneliness that pursues them, when they can no longer distinguish memory from the forgotten. Then they make their offering to the sea. Remnants and petals that become lost while the sea awaits.

The sea receives and recognizes them as women of the water.

A woman plays with the reeds growing along the shore, another plays with the wind while her companion awaits the laments of an old guitar. The sea welcomes them, surprises them with its delirious swaying back and forth, but the sea always remains, the sea and the beating rhythm of the wind that gently rocks the reeds, like a weeping guitar.

Of all the passions, watching the sea is like the joy of knowing you, like abundance in times of scarcity. Always the generosity of the sea, of those who look upon at the sea where the sky clears, where night falls to awaken once again.

The sea also seeks refuge. The water looks out, the pleasure of the displaced waves that always return.

Everything about you reminded me of the sea and the letters of water that your eyes would send me.

The ocean was also born from the earth and the rains, the sea was born from night and day as they slithered amid the dense waves.

# IV

Everywhere the sea was presence, the waves, the salt of the water, like a constant. Nothing in the sea was ephemeral to me. Audacious in my hands, the sea would slip away from me.

      In that sea, the look in your eyes fell away like a mist resting over the water. A mist that disintegrated everything, that obscured the shape of the soul. A glance that had fled, flying far from me like sleepless birds.

      Sometimes I hear you speak of the sea or perhaps it's only a memory.

      Sometimes your hidden voice holds the silence of the sea when it retreats.

      Sometimes I hear you speak of the sea and your voice goes away as if it were a wandering island with no return.

      Sometimes I feel you speaking to me about the sea, but it is an ancient souvenir like those old-fashioned postcards that are dead upon arrival.

      Sometimes you are the memory of the sea or a silent island hidden beneath the water. Where you can scarcely find yourself and where I stopped looking. I have stopped looking.

      The ocean's light is the light of the sky that climbs higher to talk to the stars made of dust and water.

# Notas del mar

# I

El mar mira a las luciérnagas como a los centinelas de un cielo espumado. La escritura, en su infinito despliegue, aguarda noche a noche a este mar que es aún más infinito.

A lo lejos el rumor de una lágrima que se escurre por la arena.

El mar éste, el mar tal vez el único mar mío no tiene muchas islas para divulgar. Tal vez dos algo lejanas. Pienso en la soledad de un par islas extrañas bajo una lluvia de cenizas. Cuando tuve el corazón de la semilla fueron amapolas junto al mar quienes guiaron mi sueño. El mar, mi centinela, esa luciérnaga del buen dormir. Yo lo imaginaba cubriéndome las sabanas, meciéndome. Lo imaginaba imitando cantos de sirena para mí y las caracolas y así crecí junto a él. Fue tan solo el mar y sus palabras.

Así de tanto buscar una luz sobre este mar encontré la de tus ojos encontré una mano que se acerca hacia la otra o un labio buscando en el deseo algún oleaje que nos guíe por la luna. Y nosotros adormecidos. Ese mar que por la noche es mar de fragilidad, mar de ausencias como un océano de interrogantes.

Los ojos de mi madre son tan antiguos como el mar, son a veces de mirada celeste, untado al violeta. En ellos me he visto y en ellos también me he encontrado un mar invadido de espejos como por azar. En sus ojos, los de mi madre un día encontré una isla y la oscuridad de una tristeza que naufragaba en sus costas.

Y te miré de esa manera hasta que un día llenaste de luz el mundo que guardabas en tus ojos.

En la brevedad de sus pausas el mar en su asombro infinito, en el me enseñó que lo olvidado se desvanece para ser encontrado en el sonido de un mar dulce, en un mar que todo lo acoge en su refugio.

Bajo ese mar puede haber un nido, un bosque de algas, el nido es siempre tibio y quieto, un nido es un país un bosque que es el gran suspiro de la tierra. El mar en estas costas me hace soñar con un oleaje que me devuelve las palabras, aquella que extravio cuando un día me alejé de su refugio.

El mar un día se acercó a la boca del río, a la orilla de sus aguas, al borde costero donde todo es y aliento de vida, de aguas claras y turbias, de barro y sal. No se puede silenciar el mar, no se puede silenciar la voz del amor que es la voz de un mar adentro y siempre lejano.

¿Guardará el mar la huella de sus días en las arenas?

Una mujer vivía en una isla. El mar entre sus manos custodiaba los pájaros que allí anidaron. A esa isla fue la vida y también la muerte. La mujer y sus pájaros. Sólo el agua, el sol y el tiempo. Sus pájaros, la vida y también la muerte como una fiel vecina.

También el mar necesitó nuestra mirada. Ese mar que se abre como novela por leer. El mar que en la noche se cierra como un poema. Como una carta hecha de aguas.

El mar desbordado inquieto como amor fugitivo, el mar como secretos en el tiempo. Como una voz lejana que llega por las noches, el mar y tú. Tú y el mar en las noches de marea.

De todas las promesas la que no falla es la del mar. En la memoria el mar prepara el sueño de un oleaje que adormece.

De tu mar al mío imaginarias son las distancias.

Añoro el mar de Chile, extraño las noches de ese mar, de, de esa costa distante que amparó nuestra infancia. Extraño ese mar que un día nos dejara a la deriva y que me hablaba con benevolencia de sus costas.

Así pasó el tiempo y un día en el roquerío el mar se fue de fiesta. Para ello eligió un vestido de arenas trizando con furia los relojes en su andar. Y con la voz usurpada su arena me habló sobre horizontes. El mar necesitaba encontrar su voz, la voz cómplice de algún sonido sobre el cual nadar. Alianzas de un ojo cómplice.

Y así el mar se vistió de sombras. El fulgor de su luz se oscureció y el mar se enroscó furtivo. Sin embargo, regresó bajo una ola de tristeza luego de un exilio el mar volvió a mis pies y dijo perdóname en su idioma extraño perdona si algún día me vestí de sombras. No importa le contesté, aquello ya ha pasado, ahora puedes vestirte con la luz. Y sin saber ni preguntar tan solo con sentir su oleaje enamorado el mar, como un día lo hicieran tus ojos, se convirtió en mi refugio.

El mar es en verano, su presencia y lejanía, los atuendos de agua clara y el suspiro al despertar en la boca, de un beso.

Cuando preguntaron cómo quisiera morir al piloto del Sahara, Antoine de Saint-Exupéry dijo que tan solo con un vaso de agua para así descender al abismo del sueño, de esa forma quedaré dormido y mientras muero empezará otro nuevo.

Escribir sobre el agua es regocijo o alegría fugitiva, sentir el agua que se afirma en la sed de una palabra escrita en tinta azul vertiginosa, tinta entre dedos que escriben sobre un mar deslizándose en oleajes.

La noche sobre el mar que se despoja revela en su desnuda magnitud una noche salvaje y clara y no hay orillas sobre el mar, no hay fronteras, todo en él es vocación de un azul que conjura con la lluvia, con elementos que entrelazan en la urdimbre de algas y el reflejo de una lluvia a media luz, una luz de palabras sobre el agua.

El mar de agosto presagia el fin de una temporada, balnearios que de a poco vaciados regresan en la arena a su rosa habitual. Ya solo algunos perfilan algún castillo de infancia sobre la arena que se aleja en los recuerdos.

Es entonces cuando el mar busca su cobija para cubrirlo todo de un color que deambula entre el gris y el azul celeste en aguas que reflejan el fin del verano cuando ya ancianos y vestidos con chaquetas otros observan sus castillos horadados por las olas mientras caminan lento.

Pronto llegó el otoño y el mar se viste de cobre y sepia, también su vastedad se cubre con las hojas que el viento arrastra de los árboles. Tan solo el mar será custodia en nuestra memoria.

Y para recordarte más cubriré las olas con siete rosas y sus pétalos como barquitos de papel que se alejan cabalgando la espuma y nuestra risa, en la memoria de aquello que alguna vez fuiste y fuimos junto a ti.

El mar con su vaivén interminable y su silencio. El sabio mar que no cuenta del todo, que nada termina y que sin embargo todo lo comprende incluso los momentos en que reina el no decir.

Y sobre esa ola te envié los regalos, piedras o alguna carta a medio terminar, un perfume hecho de rosas que crecen cerca de la orilla. Y te los enviaba mientras pensé que la infinita travesía en ese oleaje los haría trasladar, mientras pensaba en ese tiempo sin premura e imaginé que tal vez cuando llegasen todavía conservaran su envoltorio natural de algas, conchas y rocas oceánicas.

Y recuerdo haber dormido toda mi niñez junto a ti mar Pacifico mientras en sueños abría la ventana en las noches para contarte algún secreto, luego despertaba con tu olor a piedrecilla y me vestía con los huiros que dejabas en mi cama.

Ahora es el Atlántico, este mar de sobriedad como un amor que no avasalla, como el tiempo en voz baja entre palabras y palabras, y sin embargo es el Pacifico al que vuelvo cuando mi corazón de niña vieja y salvaje llora en sus anhelos, a ese mar es a quien acudo y quien me abraza la cintura comprendiendo mis entregas, ese mar Pacifico de rumor e historias.

Ahora es el otoño quien lleva la miel de unas hojas que cabalgan sobre el viento mientras las lleva como un nuevo mar, una mar de resoplidos. La textura de amarillos y el azul de una tarde que desvanece hacia la noche sobre un mar que acude a sanar tu dolor.

Era hoy un mar oscuro en la noche que te daba algo de luz y algo de sosiego, el que te busca en los pasos perdidos a través de pasillos que nos llevan de vuelta hacia la infancia, en una casa donde la lluvia es quien sonríe o el recuerdo mientras quedo poco a poco hacia la orilla de tus pies.

La lluvia sobre el mar encandilado, imprecisa y que no da espacio a la cautela. Esa lluvia que solo cae hacia el fin del mundo. Esa lluvia que solo cae y cae sobre la silueta de un mar que busca entre la bruma y quien solloza, el mar enamorado en su canción de lejanías. El mar en la lluvia sobre el mar de vuelta y es la bruma quien danza al cerrar mis ojos en los recuerdos de niñez enamorada, de las luces y los días donde el ocio fue virtud.

El mar de algunos días donde intento sobre arenas un alfabeto hecho de agua.

Ya es de noche y a lo lejos el mar canta conmigo mientras escucho su voz entre unas líneas. Ahora es el mar y yo silencios de un amor. Toda una noche el mar jugando en mi cintura hacia mis parpados en su agua de mar salino y yo me visto de azul a quien celebra atuendos de una niña que consagra juegos de inocencia.

El mar de aquel invierno cuando la muerte nos parece tan lejana entre amigos que fueran un instante la presencia, el alfabeto y signos fuera de algún tiempo, dejando atrás el país de quienes permanecen en la orilla jugando con las olas. Y me pregunto si algún día también ellos regresaron a este mar, a esta orilla que recuerda todavía el ritmo y la memoria de una ausencia que resurge como figura en la ceniza.

Las mujeres del océano y sus ojos son de agua. Una mirada que se aleja en los acantilados. Las mujeres del océano se acercan a ese oleaje para contarle sus secretos y cantar sus penas al olvido. Las mujeres del mar que también tienen la voz de agua, la de relojes que marcan en las horas del mundo miran hacia el mar. Para ellas no hubo siete mares sino tan solo un mar que fue también el tuyo y el mío al mismo tiempo. Ese mar que, para algunos, ama y ruge es el mar que ahora escucha nuestras plegarias.

El mar testigo en toda ausencia es cómplice en la sombría noche de la infancia. El mar que nos supo perdonar jugó con nuestras sombras, así en el nacimiento y la primera luz.

Y luego fuimos cayendo en el silencio donde palabras despojadas de significado allá en el fondo cantan el rumor perdido en ellas. Desde entonces ya nada regresa tan solo una noche sobre el agua y el mar que descansa sin alfabeto alguno.

Pensé que toda nuestra historia pudo resumirse en una carta hecha de agua, pero también en una nota hecha de vientos. Y entonces regresé al mar de soledades, al mar de invierno atrapado entre la sombra y el vértigo, regresé al mar y le conté de mis secretos. Y me recosté sobre su espalda como quien cabalga un universo de agua y regresé a la soledad errante del mar que cierra su horizonte, el mar que decide ya no estar, el mar entre las sombras y su miedo. Y nos escribimos esas cartas con tinta de agua, cartas que tuvieron miradas de río y de océano lejano. Y el mar las aguardaba pues ya conocía sus secretos; los nuestros.

En la quietud señalada por las horas el mar sabio se recoge. Levanta en su oleaje con alas de nácar este mar lento que se guarda en horas de quietud, y de una espuma miles de aves danzantes custodian el sueño de este mar. Y de pronto la inmensidad y el gran reposo, es el mar quien duerme en el silencio, mientas vuela una niebla sobre el oleaje entre descalza y la espuma que se esconde, un abrazo de mar que no es opaco sino esta niebla que busca de sus aguas el oleaje. Y es gris, y a veces pienso en la niebla que te enseña a mirar de nuevo hasta que de pronto veo que es la misma un enjambre hecho de luz.

Mi mano sobre la arena escribe palabras que aluden al sol y el agua al mismo tiempo, la fina arena es quien reviste aquello que ahora desvanece en ese mar que a gusto lo recibe; mis manos, palabras, la arena borra en su eterno juego el vaivén que nos enseña, el ritmo y los instantes. Me acerco a la orilla y escribo junto al mar y así el mar escribe conmigo, solo recuerdo palabras que en otro instante fueron espejos hechos de un agua mientras el mar me cuenta de esplendores y nostalgia. Que ya quisiera recordar esa espesa geografía y las tristezas, y escribir con tinta azul que desparrama alguna lágrima como ese instante, y me acerco a la orilla escribir junto al mar es aquello que recuerdo.

Así camino junto a mi madre para acercarnos a la orilla en trayectos que parecen largos o cortos según los días y la prisa, según el tiempo o tal vez el viento que custodia nuestros pasos. Y caminamos en silencio, a veces descubriendo algún ágata de piedra abandonada. Le digo al mar que ella es mi madre y en el abandono del recuerdo reside su belleza. Hoy es el viento en el mar lo que custodia, es el viento sobre el mar lo que navega junto a pescadores que sortean las olas. Es el viento del mar que trae en secreto tus ausencias. La tarde se aleja y nos regresa al anochecer aquellos días junto al mar que fueran generosos, esa noche y la llegada de unos pájaros.

De niña aprendí a escucharlos a pesar de su lejanía, por eso hoy los escucho junto a ella, mi madre con el alma atenta; pájaros de mar danzante y desnudos en la simpleza de sus alas.

La niña juega con la espuma mientras imagina un velo de novia. La niña juega con el mar, cabalga de su oleaje y le gusta mirar el mar llover. La niña quiere que el mar entre en su ventana y juntos pasear un rato hacia el azar de los sueños. La niña juega con el mar y ya de vieja sabe que así lo deseó desde siempre, pues lo ha mirado como si el mar fuese un enjambre de luciérnaga.

Mi madre me enseñó a jugar con las algas como sombreros del mar. Nadie entendió la insistencia de tus silencios tan solo el mar que todo lo siente con la sabiduría inefable del agua. Imaginé que el mar era un bosque de agua. Cuando buscaba la verdad iba a busca al mar. Mi madre gustaba de las algas que reposan en la arena. Con ellas hacía trenzas que cubrían su cabello cobrizo y luego le regalaba sus ofrendas al mar.

En esa soledad, en la inmensurable soledad de un corazón errante y marchito, en el tiempo donde el invierno acecha y solloza en ese tiempo ella se sienta junto al mar, nuestro refugio de los días y de las historias.

Siempre el mar fue esplendor que nos cautiva y no solo en su soberanía o audacia sino en lo infinito del horizonte y sus vestiduras. El mar; la inmensidad y el deseo fue del todo nuestro anhelo y jamás nuestro fracaso pues el mar se vistió de gris para después regresar a su atuendo azul, luego se vistió de rosado y malva cuando nos regalaba el amanecer y los nocturnos con estrella y desafíos. El mar se viste de lágrima azul, de sonido y pausa en sus caricias.

Durante la noche duermo junto al mar y me recojo en sus brazos que abarcan todo el universo en su mirada infinita, constante. El mar es un pájaro con alas de luz.

Tal vez el mar de ayer no es el mar de hoy ni será el de mañana, sin embargo, el mar siempre regresa a encontrarse consigo mismo a jugar con ese espacio infinito que desconocemos en la memoria para regresar con sortilegios envueltos como cajas de juguetes cuando esperábamos el misterioso anochecer y el mar se retiraba en su atuendo majestuoso de silencios.

Un día Elias Canetti habló sobre el mar, dijo que en algunos espacios el mar tenía un rostro además de su figura, el aspecto tal vez de una muerte que para otros fue una roca. Sin embargo, para mí fue siempre la vida y las mareas en la muerte.

Así es el mar de Chile que infinito y cercano al mismo tiempo es el follaje de una patria azul, pero también la zona que esconde como una ausencia. Más que sentir el mar lo importante es oír en su abundancia, en su serenidad, en su espesura. Un mar que lejano esculpe en nuestra memoria y dignifica el tiempo, retazos que flotan para siempre en un mar de luz.

Danza la niebla sobre el agua y envuelve el oleaje con su bruma invisible. El mar se asoma y regresa vestido de flores blancas sobre unas olas. La niebla lo esconde y le acaricia entre sus alas de ceniza. Quisiera llevarlo por el camino de la costa donde todo se diluye incluso el corazón que lo canta. El mar se asoma y regresa. Las rosas blancas del océano se convierten en un manojo de estrellas, la niebla se aleja por caminos donde nada y todo se ve.

La niebla que volaba bajito, bien bajo junto a él nos contaba historias. Se deslizaba entre el oleaje como si quisiera acariciar con sus manos la línea azul del horizonte, tal vez haciéndole un saludo de despedida o tal vez no. La niebla difumina los espacios y palabras haciendo parecer todo tan lejano como el corazón de este mundo. Cuando el mar escuche a la niebla y las palabras desaparezcan nos buscaremos entre la espuma, cuando el tiempo de las olas irrumpa en el horizonte sabremos que tú y yo fuimos un solo alfabeto, el del azar y el del amor.

Amo a este puerto despeinado y salvajemente poblado de magos y hechiceras. Aquí llegó mi bisabuela con guantes de seda azul y sonrió sorprendida ante su particular belleza. El mar le arrebato el sombrero y sonrió con una sola línea azul que fue su forma de dar la bienvenida. Ese mar al que ella siempre amó.

Entonces me lleno de sombras y me visto de traje gris. Le cuento al mar de mis tristezas, pero sobre el mar los signos son como un trazo sobre el tiempo. Y ya desde la lejanía te pienso querido mar y te preparo alguna ofrenda. Una palabra de agua o el mensaje en la botella.

Quisiera volver a ese mar lejano, al que abandoné para vivir cerca de este otro mar, quisiera recordar en silencio, pensar en los refugios que el mar brinda, deambular sobre una línea azul en el vasto horizonte. Y cuando llegaron las lluvias lloré junto ellas para entregarle alguna lágrima a ese mar que nos miraba. También el mar quiso ser parte del agua que descendía por nuestros ojos hacia ese inmenso horizonte.

También el mar entonaba las canciones de los viejos navegantes, las canciones de los naufragios del amor y en esos instantes el mar olía al agua de las rosas.

Entonces aquel mar el mar jónico llevaba en la memoria dioses y la nuestra. No hubo certezas sino horizontes. Tampoco supimos si los pueblos blancos todavía habitados fueron presa de aquellos vientos que todo llevaban a cuestas dejando un espectral blanco sobre la luz del agua. Entonces aquel mar pareció danzar sobre un oleaje sinuoso que no distinguía el día de la noche o tal vez este mar fue solo una larga estadía como pétalo blanco que marcaba los signos del camino al caer entre los murallones.

Así crucé este mar y comprendí que entre la vida y la muerte tan solo reina el poderoso mar con un sonido que navega. El mar de este tiempo y el de todos los tiempos, y sentí que fuimos todos un país hecho de aguas donde a lo lejos la voz de los dioses fue también la voz de unos pájaros. Entonces ya cansado con la triste memoria en su rostro Ulises llego a Corfú, tan solo como al salir de Ítaca y en esta soledad vivió por un tiempo en las arenas y recordó las caricias de Penélope sobre sus labios, la caricia y el beso más extenso, el beso efímero como la grandeza del amor. Y en esta isla de bondad las casas prendieron velas para que los viajeros extraviados los encontraran entre el sueño y la vigila.

Ulises nada preguntó pues supo que tan solo existían las preguntas sin respuestas, y que debía extender su mano hacia la mujer noble y hechizada ante luces que emanaban los pueblos blancos y de puertas azules, sabiendo que siempre regresaría a su único puerto junto a Penélope, la del corazón partido, la que no entendía de añoranza ni de esperas.

Con palabras no enunciadas me despedí de esta ciudad y del mar que la custodia. Un mar que viaja sin rumbo preciso, un mar que no quiso encontrar ni buscar nada pues ya tenía un nombre y fue feliz pues al escucharlo de tu boca nunca más quiso huir. Ese sería el nombre que tú y yo le diéramos alguna vez.

# II

El mar es lo que se ama desde lejos. El mar que por las noches fuera paz y el sueño. La cadencia sutil. El mar que por la noche es historia y también deseo.

Crecí entre el mar y los sueños del agua. ¿Cómo eras en aquel mar? ¿Fue tuyo también ese mar que tan distante en la mirada nos traía voces del viento y las intrépidas?

También el mar aguarda y anhela quiere tu mirada, necesita de tus labios para nombrarlo. También el mar que nos busca como a la tibieza del deseo que es una luz con voz, una mirada que acude. El mar y sus soledades compartidas.

De todas las ausencias siempre es la del mar, la que añoro también el sentir de la noche de sus noches, la noche mía, la noche que nos abandona. Y el mar que no sabe de ausencias.

El relámpago de fuego entre los senderos de su agua. El mar de amor, el que cobija los cuerpos, el que adormece, el mar de las noches claras el mar que entrega.

No existe amor clandestino. No existe amor deshonesto ni menos oculto. Pues el mar nada oculta. El amor es claridad viajera, luz y también sombra territorio de abundancias. El amor es vertiente y sendero. Puente entre el día y la noche. Puente entre la vida y la muerte. Pausa entre un beso y el otro.

Y en el vasto mar una cintura errante como amor incierto como palabras desoídas. Y aprendimos a conocer lo infinito y lo que oculta el fondo de sus ojos.

Muchas veces te dibujaba el mar. Te pintaba en tus palabras. Y te obsequiaba el mar de Chile. El intrépido mar de costa a costa. Y tú me obsequiabas el Adriático e intercambiamos nuestra historia de amor y de agua.

Ese mar que entraba por tus ojos y tuvo sed de ti por las noches. En las ciudades sin mar lo recordaba. El mar de Chile que desnudo en mi infancia hizo de luz en su sonido. Como el poema no leído, como ellos que tan solo se hacen con la voz del mar y su recuerdo.

También el mar busca a quien amar. El mar busca alguna nube con quien jugar. Y el mar se convirtió en espejo en nuestros ojos. Y la memoria puro silencio.

Como el primer amor o melancolías de algún recuerdo. Mar que se acerca y que se esconde. Que devora un acontecer y por la noche. Que regresa en la cascada fragante de los días.

Yo pienso al mar como ese amor infinito que no somos capaces de entender. Pensé en el mar como el azul del mundo. Pensé en un mar que no cesa. Una caricia de gaviotas que deambula. Sobre líneas. Un horizonte.

Por eso escribo sobre el mar en su ondulante perpetuidad. Mientras lo acompaña en su presencia un diálogo infinito.

El mar no ofrece fragmentos sino más bien mosaicos hecho de azules, transformado, en turquesas. El mar es el corazón del cielo, el corazón del mundo, el corazón de aguas infinitas, de aguas sin tregua.

El mar y yo fuimos un corazón mientras nos escuchamos en silencio. Y en ese silencio sentí la sal hundiéndose en mis manos, la sal de un agua viva con haces de luz antigua señalando hacia el lugar donde encontraría a los muertos.

Recuerdo que en tu osada fragilidad acudiste al mar y no añorabas, menos buscabas a anticiparte a nada, tan solo tu anhelo de ver en ese paisaje insondable el oleaje y sus lejanías.

La niebla llega al mar de Chile cuando ya no puedo hablar pues su presencia diluye todo en su contorno desapareciendo las cosas por un instante En ese recuerdo el mar se retira enmudecido mientras ella imagina un verano tan vasto como el mar de cada día y piensa que en su corazón salvaje habita una estación que jamás termina, como el mar en su deriva entre lo eterno y lo infinito, más allá y tan cerca de la casa con sus muertos.

Hoy te envío esta carta hecha de aguas, hoy pronuncio el nombre en tu recuerdo así te digas hacia adentro el mío en tus labios. Recuerdos en un claroscuro de luces que a la distancia nos sueñan sobre el mar que se abre en la memoria.

De ese mar no dudes la belleza ni del horror en sus corrientes. No dudes en el mar tus ojos que de lejos permanecen como una mirada secreta y salvaje al mismo tiempo, esos ojos que ahora entrelazan su mirada en los míos. Pues el mar conserva en su refugio la memoria de esos días donde todo se extravía, de ese lugar donde una melodía nos lleva por el sendero de los sueños cuando las olas asemejan un cobijo que guarda a quienes he querido y a quienes ahora recuerdo.

Y así transcribo este tiempo en los días cuando el mar me devuelve su mirada, esos días cuando al parecer tú no viste demasiado esmero en él. En el tiempo en que hube de estar contigo y donde no parecías estar. Fue entonces cuando el mar y yo compartimos de reojo el uno al otro un lenguaje donde no existió más que permanencias.

Un beso de agua el ruido que acaricia, un beso de agua en sobriedad, un beso de agua que nace hacia el mar.

El tiempo del mar fue como el tiempo del amor. Incierto e inesperado vaivén de pausa y precipicio. Un atardecer de niebla donde además dejó su forma original y la arena fue el vacío del nácar, tú no regresaste. Acostumbrada a tu oleaje no intenté buscar entre las rocas, ni le hice esta pregunta al mar. Sin embargo, puse tu nombre en las arenas y tu nombre fue borrado, se deshizo como un pájaro de alas quebradas que vuela solo y en silencio hacia la muerte, pero esta vez no quise esperar así dejé con el tiempo de mirar a los segundos.

Amábamos esas ciudades olvidadas del mar y sus pausas, su silencio. Y en su fragancia amamos la noche eterna de esa ciudad sumergida donde la quietud nos mantuvo cautivos, donde cada palabra era una voz que se dejaba oír, majestuosa y humilde. Y fue la voz del mar y en nosotros fue la voz encerrada en las ausencias. Fue poesía y su follaje o palabra hecha de agua.

Todo me lo enseñaba el mar; los murmullos y también su vaivén de alas nocturnas, el silencio de esas noches cuando jugábamos con La Luna y también las nubes danzarinas en mis días de luz. El mar me enseñó el nombre de otras flores que crecieron a la orilla del camino costero, y así aprendí a mirar las cosas, las piedras que guardamos en la memoria y las historias de un amor, las contadas al atardecer cuando el viento las enmarañaba en nuestro cabello mientras íbamos hacia todos los lugares.

De todos los universos, siempre coincidía en aquel que llegaba hacia el mar, fecundo barroco el cielo color de ámbar como el ágata. Y pienso en quien se extraña y en la arena de quién llega es la noche y la memoria en las nuestras.

En la misma noche llegamos al fondo de lo que somos, al alma de las cosas, al infinito placer, así es el mar guardián de nuestros sentidos pues guardó nuestra memoria y la lentitud de nuestros pasos.

Regreso al mar como se regresa al deseo y sin premura. Regreso a la textura de su oleaje. Vaivenes del silencio y el sonido que mece en su inmensidad, aquí cerca del agua donde no hay cautela tan solo una profunda intensidad de haber vivido. Regreso al mar como a la historia de un amor extraviado, al mar que todo lo regresa, al mar nos devuelve aquello que antes añoramos; la rosa blanca del océano se convierte en manojo de estrellas y la niebla que se aleja.

La boca de un deseo y la zona gris del mar oculta como ausencias. El mar es universo hecho de verso, una línea azul que entiende solo de infinitos, recibe y otorga, siempre al mar todos los mares.

El mar amanece distinto, su voz se opaca, no es distante ni cercana es como si la voz de la muerte le llegara de repente. ¿Y cómo es la voz de la muerte? ¿Podría definirse acaso a través de algún sentido? Y el mar frente a esa muerte no vocifera ni canta, tan solo permanece en plena quietud mientras el oleaje pareciera deshacerse en una gaza hecha de espuma.

Cruzamos el mar en silencio tratando de oír la voz del mar y sus furias, el oleaje de un mar que luchaba como si quisiera huir de sus vestiduras, de la escama gris. Cruzamos el mar en silencio y nuestras manos se habían alejado, ya parecían alas de algún ave que se deprendía de nosotros. Y también el mar se alejó de su voz y me mostró tantas cosas, pero no pude entrar en su reinado, ni a su voz de reloj extraviado al fondo de la historia.

Y a veces fui Penélope que ligera de equipaje mientras descendía las colinas sin premura llevaba el espacio de la ausencia en su mirada.

No te olvidaras de Siracusa, imaginarás a los sabios discutiendo en la plaza junto a Arquímedes revelando en su teoría la grandeza y la posibilidad de algún entendimiento. Caminaras entre los ángeles que custodian por entre el barrio judío junto al árabe unidos por el hilo persistente de la historia, y de pronto sabrás que el faro de Siracusa ha llegado a ti, que has vivido en su luz. El mismo faro que cuidaba tus retornos porque solo se regresa al sitial de la memoria, y a lo lejos tu mano repitiendo gestos y los signos de una despedida.

Hoy te vas de esa vieja Siracusa para llegar a ella en cada puerto, en cada casa que abre sus postigos. Has encendido el faro y la luz vela tus ausencias, cómplice del mar y sus sonidos, donde nadie se equivoca y has llegado al manantial de tus ojos, a la cascada perseverante de la luz.

El mar que untaba en mi piel de niña con aromas del sol. Eran días felices, incomprensibles como la adolescencia. Luego bebíamos de un vino rojizo como la pasión en las cosas, y lo acercabas a una chimenea que pedía más troncos dulces del bosque. Al vino le llamamos navegado pues navegaba de una mirada a otra, de un mar al otro.

Algo en ti era como el mar; iracundo y salvaje, tan frágil al mismo tiempo como los días, esos inciertos como una noche frente al mar. Tu voz tenía la mirada del mar pues todo lo contenía y a la vez nada.

Las piedras del mar tenían su propia voz y sonido de historias sumergidas y enigmas como las historias de amor.

El mar y yo nos asombramos y nos gusta mirarnos y en esa mirada nacemos una y otra vez. Te parecías a ese mar distante con tus idas y venidas como el vaivén de las mareas. Pero no supiste volver como el mar que siempre regresa.

La tinta verde con la que escribo o la azul cuando me fabrico un poema de amor es la tinta del mar en su asombro frente al oleaje de estas palabras.

# III

Los niños del mar los que allá bajan con zapatos de charol las escaleras y vestidos de seda. Van juntos a ese mar que los hombres condenan. Niños atrapados en el fondo y condenados por el decreto de los hombres y no por el mar.

¿Guardaba el mar en su nicho el nombre de esos niños? ¿Aquellos que descendieran al fondo tras su luz? ¿Guarda el mar el nombre de los barcos que llegan de otros mares? ¿De las mujeres que recogen su lágrima en la arena?

Tan solo el mar es quien acoge al que se aleja, a quien regala sus historias que derraman lágrimas que luego llegan en su oleaje donde rompe la espuma, donde nada y todo es al mismo tiempo.

¿Dónde guardara el mar nuestros secretos?

¿Guardará el mar el nombre de los niños muertos?

¿El nombre de aquellos que buscaban la otra orilla?

¿Tendrán aún la voz esos relojes que caen
de una mano desprevenida hacia su fondo?

¿En qué voz el mar les da la bienvenida?

El mar de Chile un día perdió la voz. Y cuando tu voz se hizo silencio entendí que la voz del mar también hablaba sobre la ausencia.

¿Qué hace el mar con una pieza a oscura?

¿Qué hará en los cuartos sellados?

¿Qué hace el mar con tal naufragio o su propio abandono?

Así un día el mar que se retira pues le han usurpado su voz y se ahoga. En cuerdas dejadas al olvido el mar sin viento, sin el norte sin el sur.

Un día el mar se acercó en voz baja y con cenizas me dijo de los truenos y granadas de mano, que lo habían despertado. Herido, regresó a su fondo donde pidió por el regreso de tu mirada.

De todos los mares el de Chile quien ondea sobre mi infancia. Y me despertara con algún eco muy lejano. El que pidiera quien lo mire y tantas veces me enamore de él. Con sed y frio yo nadé hacia sus brazos. No pensaba que también pude yo quedar entre sus algas como brazo de algún río.

Así creí encontrar en tus ojos la luz y el mar y tan sólo hube de hallarme entre la bruma. Incluso hasta nosotros.

El mar en su tristeza se esconde entre las cenizas, entre la densa espuma y plateada, por entre esa espuma oscura mientras retorna, así como quien se abandona al desamor.

Cae la noche que visita y encendida de oscuridad se acerca, la que añora ese mar oscurecido, el mar sacude sus tristezas buscando en lo más recóndito del tiempo la luz de algunos días, la luz de la noche sobre el mar que por instantes se detiene en su margen abisal.

La noche escucha cuando el mar y yo nos mirábamos despejando la bruma de mis párpados frente a ese mar que recibe sin preguntas la cadencia de una lluvia furtiva. El mar entiende esas lágrimas que descienden del cielo queriendo limpiar al mundo, y abrió en su oleaje, su marejada recibe el aliento de la lluvia y lágrimas del cielo que le acarician. El mar se deja acariciar por lo desprolijo de una lluvia y con paciencia bebe la dulzura y a veces recoge en su oleaje una que otra lágrima azul.

El mar no solo regresa sino también aguarda en su horizonte mientras se acerca y nos invita como promesa de abundancia.

Mientras duermo las olas del mar ondearon de algas mi cabello, el mar me cuenta historias mientras trenza en mi cabello una historia de algas. Luego me cubre en sus cristales salinos y jugamos con la trenza mutua en sus oleajes mientras bebimos juntos una cascada de la luz siempre tan clara.

Cuando habitan las ausencias, confundidas ente la sombra cuando huíamos de la palabra que nos señalaba, entonces miraba yo hacia el mar. Recuerdo fuimos la inocencia el deseo y la nostalgia. Y éramos el mar o yo tan solo una presencia.

Cuando tuve la tristeza de unos pájaros errantes volé junto al viento que anidaba en mi trenza, y fui hacia el mar en busca de consuelo con mi frazada de agua viva.

A veces el mar y yo cubiertos como espejos frente a esa muerte que transita en la mirada. A veces el mar y yo en la soledad de un tiempo sin tiempo.

El mar en su infinita tristeza busca aquello que se niega regresar, objetos arrastrados por el arrebol de su niebla que aun vendada reconoce el mar de chile, el mar que escucho cuando emergen las preguntas, aquellas que juegan entre los hilos de la noche, esas que llegan junto a los presagios y las dudas, preguntas que el mar, paciente, siempre responde.

Eso fue el mar para ti que sin pedir nada a cambio todo lo brindaba, como hoy te brindas observando frente a él. En toda esa plenitud que sabe escuchar entre el oleaje, ella amaba el mar de invierno como a un jardín abandonado, como un jardín que se guarda después de la guerra. Amabas el vacío de los balnearios y su horizonte como si todo el mar fuera infinito abandono o un espacio perdido a la deriva.

Hoy solo me llega esa niebla que vuela desde el cielo para descender sobre un mar que avanza con lentitud, con una gracia casi divina. Avanza sin detenerse pues conoce el camino de regreso. La niebla debe llegar a tiempo para envolver al mar. Me acerco a ella, pero ya no me reconozco pues ahora me cubre con un velo gris, me esconde entre sus manos que también son las mías.

Una niebla que recuerda desdichas y en su arremetida también adorna al mar con una textura espectral, con mirada de fantasma.

Una niebla que llega desde el cielo hasta el mar de Chile, la niebla que recordamos como un enjambre de flores mortecinas cubriendo los árboles del otoño.

Una mujer que se aleja de esa isla ha perdido el orden de los días y el calendario de las estaciones. Ella vive en un lugar sin relojes ni calendarios. No medita sobre el tiempo o la tristeza y en su refugio no existe la muerte que a ella siempre retorna para llevar a quien se abandona a la melancolía.

La mujer que habita en esa isla viaja entre las olas en busca de quienes fueran hechizados por el destino, y así se va alejando a la velocidad del viento y de las algas que la mecen como si ella misma fuese un amasijo hecho de espuma.

Y con el tiempo se aleja y en la soledad encuentra una raíz que da la vida y también la muerte. La mujer aguarda, la niña aguarda, la abuela aguarda, todas ellas cuando el sol se hunde bajo una playa abandonada, cuando las gaviotas escuálidas asoman en busca de relajo.

Y ellas, todas ellas siempre las mujeres aún esperan a quien no vuelve, a quienes abandonaran el tiempo habitando temporadas de ausencia sobre las piedras. Esperan a quien tal vez no sabe volver, a quien ha perdido el camino de vuelta y que al partir le fue agrietado el ritmo de su agua, en ese vaivén donde solo existe la distancia que todo desvanece.

Y las mujeres solas, en silencio y con mirada de aguas buscan sobre la arena algún rastro en la inmensidad de un tiempo sin el tiempo, tal vez buscándose a sí mismas o algún trazo que las devuelva a esa imagen perdida en el abismante temor a la soledad.

Y sin embargo el mar no se apartó de esta niña delgada, de la pequeña e incierta que lleva en su canasta palabras que de a poco esparce sobre las piedras, la niña que porta flores y una voz de un agua viva, la niña que escucha desde acá las voces que el mar ha dejado tras su paso, la voz del

Pacífico aún en los recuerdos de quienes sostienen la esperanza de una salida.

Hoy en el mar Mediterráneo, en ese mar blanco con augurio de los vientos, o en el mar de Dalmacia busca la memoria de sus piedras. Cada vez el mar con su propia voz, cada vez el mar con el secreto de una mirada cuando se acerca en sus ojos lo que emerge en los senderos del agua.

Ahora regreso a ese mar de invierno y de pluma gris, de quietud y espectral oscuridad, un mar de luz tenue de silencio y lejanías.

Y he vuelto a repartir palabras en la orilla así el mar traslade su figura a los cuerpos de agua en su sonido. Y he vuelto también a repartir luz de medianoche para que el mar la cuide y cante al amanecer. Y he guardado en mis palabras la oquedad calcárea y secreta donde mujeres solitarias se ocultan pues tan solo el mar conocía los secretos de ese cielo.

En el fondo del mar el silencio es un bosque secreto como el follaje que aguarda.

Helena Broder cierto día embarcó sobre un velero de esperanza cuyo nombre El Copiapó guarda todavía algo de temor en su rompiente. Así emprendió ese viaje que devolvería algo de vida a su mirada. Un viaje de ilusión y custodiada por las olas y el viento oceánico se admiró del ruido de truenos que azules iluminaron el mar de Chile.

Así llegó a esta casa donde vivió feliz y fue amada, donde el mar siempre acompañó sus pasos a través de los pasillos. El mar de Chile que se abrió como un refugio fue la ruta de esperanza.

¿Será tal vez el mar esa memoria en las naciones? ¿El antes y el después de la guerra? ¿Algún viajero le secará sus lágrimas cuando reciba a los niños extraviados de una guerra? Aquellos que descendieran a ese fondo oscuro y poroso.

Guardaba el mar la memoria de los bosques y los ventisqueros, o tal vez recordaba a las mujeres que fueron a llorar, aquellas que se embriagaron en amores ausentes. Fue el mar en mi memoria cuando sonaba en las ciudades, cuando todo se extraviaba porque me había alejado de él. La memoria del mar, la mía cuando perdí países, amores e historias. Siempre el mar y la dulzura de las mariposas que se posaban en su espuma.

Cuando el mar se llenó de cenizas supimos que pronto vendría el viento y la desgracia, que el mar saldría de sus límites, muchos lo llamarían con la voz tsunami otros como el lento habitar de la tristeza frente al ventisquero o el mar de los silencios cuando canta. Así nos alejamos de la tierra para sentir la fuerza de sus olas venir desde ese horizonte infinito y asombrados intentamos recordar lo que alguna vez fuimos.

Durante días la noche gris vestida de azul y el gran oleaje del Atlántico nos cubrió con sus olas, no había donde escapar y ofuscados fuimos el navegante que vulnerable sortea las olas de un mar que todo lo encerraba en su tormenta, donde no hubo ni siquiera un horizonte más allá del agua que nos arrebata de temor.

La piel del mar, iracunda e imprecisa, se enredó en su propio oleaje, la piel de este mar que se alzaba entre la espuma. El mar del norte, el mar gris, aquel que no tiene las pupilas de luz de pronto se asemeja con nosotros, los oscuros, los sometidos, nosotros a quienes nada nos sorprende.

Y al mar nada le preguntó de aquel otro mar. El mar lejano en Ítaca tan solo quería recordar pues en la memoria emergen los regresos. También el mar fue temeroso del viento, de ese viento que apenas canta, de ese viento que no te habla, el viento como antigua sirena que intenta atraparte en su oscuro sonido. El mar es temeroso del viento huraño, el que no trae mensajes sino olvidos.

Deambulaba un fantasma en la isla de Malta, entraba por los viejos balcones, por las grietas de color sepia. Nadie se asomaba entre las viejas callejuelas de piedra, y parecía que el mundo aún no estaba descubierto y alrededor de todo el silencio de la muerte no dejaba entrar a ese otro país. Nadie se asomaba entre los viejos callejones de piedra, nadie salió a nuestro encuentro.

Malta parecía una ciudad enmarañada, quemada por la historia y por el mar que también estaba oculto, lejano y silencioso el mar se parecía tal vez a un rio desordenado en busca de una patria para volver a nombrarse mar.

Existen pocos mares donde anida la tristeza. Como una costa de ausencias o el enigma de las cosas que desvanecen.

Y junto al Adriático en la ciudad de Venecia con el vaivén de las aguas como señales sobre el pasar del tiempo compartí de ese mar, y el dolor por las cosas perdidas, y las palabras enterradas muy al fondo en el agua.

Eras como el vaivén del oleaje. Con la presencia de una ausencia donde el azar figuraba impredecible y elusivo, como ese mar seco de ciertos días el mar o el abundante de otros.

Pero siempre el mar donde todo era una cadenciosa presencia

Perséfone,

Antes de regresar a la tierra donde la esperaba todo lo que ella anhelaba, su madre vestida de azul y a la distancia, siempre su madre a la distancia. Y Perséfone solo deseaba oír al mar, untar sus piernas en la radiante luz del agua, tan solo quiso untar sus pies oscuros en ese mar que nunca perdió su rumbo y que siempre la custodiaba a la distancia.

Ese mar que no oscureció su rostro, el mar que la hacía feliz entre las sombras de sus días, el mar que se asomaba a saludarla porque llegaba la primavera con Perséfone y entonces ella tuvo la certeza de ser feliz.

La inmensidad del mar es la inmensidad del amor.

Después de las pausas del desamor llegó el amor vestido con luz de mar, tan solo ese vestuario, tan solo un horizonte en calma, una línea menguante sonriendo en la embriagada felicidad del agua.

El mar nos invitó a su mesa y escuchamos en su silencio.

Y entendí también el ruido del amor, la sutileza y su vigor. Pensé en su ausencia como también en la tuya. Pensé en la presencia como el agua viva de todos los deseos.

Las mujeres que esperan, aquellas que asoman su mirada a través de los viejos balnearios y sus atardeceres. Del abandono cuando la soledad las acecha, cuando ya no distinguen la memoria del olvido. Entonces ellas obsequian su ofrenda al mar. Remanentes y pétalos que se extravían mientras el mar aguarda.

El mar las recibe y reconoce en ellas mujeres del agua.

Una mujer juega con los juncos que aparecen en la orilla, otra juega con el viento mientras su compañera aguarda los lamentos de una antigua guitarra. El mar las acoge, el mar las sorprende con su vaivén y delirios, pero siempre el mar que está, el mar y el compás del viento que mece los juncos como una guitarra que solloza.

De todas las pasiones la del mirar al mar como la felicidad del saberte, como la abundancia en tiempos de escasez. Siempre la bondad del mar, la bondad de quien mira al mar donde todo se despeja, donde todo anochece para volver a despertar.

El mar también pide refugios. Una mirada de agua, el placer de las olas extraviadas que siempre regresan.

Todo en ti me recordaba al mar y las cartas de agua que tus ojos me enviaban.

El mar también nació de la tierra y de las lluvias, el mar nació de la noche y del día que se deslizaban entre la espesura del oleaje.

# IV

Todo en aquel mar era presencia, el oleaje, la sal del agua como una constante. Nada en el mar me fue efímero. Audaz entre mis manos, el mar se me escapó.

En aquel mar tu mirada se desvanecía como una bruma que reposaba sobre las aguas. Una bruma que lo disolvía todo, que confundía el contorno del alma. Una mirada que ya había huido, y también de mí se alejaba como se alejaban los pájaros insomnes.

A veces te escucho hablando del mar o tal vez es tan sólo un recuerdo.

A veces tu voz escondida guarda el silencio del mar cuando se recoge.

A veces te escucho hablando del mar y tu voz se aleja como si fuera una isla errante y sin regreso.

Y a veces te siento hablándome del mar, pero es un recuerdo antiguo como

las viejas postales que llegan a un destinatario ya muerto.

A veces eres el recuerdo del mar o una isla silenciosa escondidos tan al fondo del agua. Donde tú tan poco te encuentras donde yo dejé de buscar. He dejado de buscar.

La luz del mar es la luz del cielo que trepa hasta conversar con las estrellas hechas de polvo y de agua

# The Poet

Marjorie Agosín is a Chilean-American poet and scholar whose work focuses on social justice, feminism, and memory. Her publications include *At the Threshold of Memory: New & Selected Poems* (2003), *The Light of Desire* (2010), and *I Lived on Butterfly Hill* (2014), a young adult novel which won the Pura Belpre medal given by the American Library Association. She has received numerous honors and awards including a Jeanette Rankin Award in Human Rights, a United Nations Leadership Award for Human Rights, the Gabriela Mistral Medal of Honor for Life Achievement from the Chilean government, and the Dr. Fritz Redlich Global Mental Health and Human Rights Award. She is the Andrew Mellon Professor of Humanities at Wellesley College.

# The Translator

Suzanne Jill Levine's books include *The Subversive Scribe: Translating Latin American Fiction* (Graywolf, reissued by Dalkey Archive), *Manuel Puig & the Spiderwoman: His Life and Fictions* (FSG, Faber & Faber, UWP, e-book) and two poetry chapbooks. An eminent translator whose career began in the early 1970s, she has won many honors and translated over forty volumes of Latin American literary works. Editor and co-translator of a five-volume series of Jorge Luis Borges' poetry and non-fictions for Penguin paperback classics (2010), her most recent translation, Guadalupe Nettel's *Bezoar and Other Unsettling Stories*, was shortlisted for the 2021 Oxford-Weidenfeld Prize. She currently is writing a "translator's memoir."

# Author's Acknowledgments

During the past four years, I spent March to November in the village of Ogunquit on the coast of Maine and and the months of January and February in Concón on Chile's central coast. Every day, especially at dawn and dusk, I wrote a brief note about what I saw in the sea. I enjoyed sharing these notes with friends, especially Mirko Petric, who is from the Dalmatian coast.

Time, like the sea itself, went by with a melodic rhythm and in my imagination—shaped by the waves, the tidal surge, the sense of infinite space—these prose poems began to form. These poems belong to a collage of voices that emerged from a deep observance of the sea, the sky, and the world around us. I simply listened to the voice of the sea.

I am grateful to my friend Suzanne Jill Levine, an extraordinary translator of Latin American letters, for rendering these prose poems into English, thus creating a brilliant mirror between one language and the other. I am also grateful for my long-time collaboration with Dennis Maloney. editor of White Pine Press and friend. He is a true hero and believes in the power of poetry to restore our world

During my time in Chile. I am thankful to so many, including:
    John Wiggins
    Roberto and Fernanda Agosin
    Juan Ignacio Lopez Donoso and Johanna Haun
    Cristian Montes
    Samuel Shats
    Ilan Perrot
    Victor Leyva
    Cecilia Delgado
Thank you for the time we spent together looking at the sea and sharing *Notes from the Sea.*

# The Cliff Becker Book Prize in Translation

"Translation is the medium through which American readers gain greater access to the world. By providing us with as direct a connection as possible to the individual voice of the author, translation provides a window into the heart of a culture."

—Cliff Becker, May 16, 2005

Cliff Becker (1964–2005) was the National Endowment for the Arts Literature Director from 1999 to 2005. He began his career at the NEA in 1992 as a literature specialist, was named Acting Director in 1997, and in 1999 became the NEA's Director of Literature.

The publication of this book of translation is a reflection of Cliff's passionate belief that the arts must be accessible to a wide audience and not subject to vagaries of the marketplace. During his tenure at the NEA, he expanded support for individual translators and led the development of the NEA Literature Translation Initiative. His efforts did not stop at the workplace, however. He carried his passion into the kitchen as well as into the board room. Cliff could often be seen at home relaxing in his favorite, worn-out, blue T-shirt, which read, "Art Saves Me!" He truly lived by this credo. To ensure that others got the chance to have their lives impacted by uncensored art, Cliff hoped to create a foundation to support the literary arts which would not be subject to political changes or fluctuations in patronage, but would be marked solely for the purpose of supporting artists, and in particular, the creation and distribution of art which might not otherwise be available. While he could not achieve this goal in his short life, seven years after his untimely passing, his vision was realized.

The Cliff Becker Endowment for the Literary Arts was established by his widow and daughter in 2012 to give an annual publication prize in translation in his memory. The Cliff Becker Book Prize in Translation annually produces one volume of literary translation in English. It is our hope that with ongoing donations to help grow the Becker Endowment for the Literary Arts, important artists will continue to touch, and perhaps save, the lives of those whom they reach through the window of translation.

Donations to The Cliff Becker Endowment for the Literary Arts will help ensure that Cliff's vision continues to enrich our literary heritage.

It is more important than ever before that English-speaking readers are able to comprehend our world and our histories through the literatures of diverse cultures. Tax deductible donations to the Endowment will be gratefully received by White Pine Press. Checks should be made payable to White Pine Press and sent to The Cliff Becker Endowment for the Literary Arts, c/o White Pine Press, P.O. Box 236, Buffalo, NY 14201.

# Cliff Becker Book Prize in Translation

*Memory Rewritten* - Mariella Nigro. Translated by Jesse Lee Kercheval and Jeannine Marie Pitas, 2023.

*The Beginning of Water* - Tran Le Khanh. Translated by the author and Bruce Weigl, 2021.

*Hatchet* - Carmen Boullosa. Translated by Lawrence Schimel, 2020.

*Bleeding from All 5 Senses* - Mario Santiago Papasquiaro. Translated by Cole Heinowitz, 2019.

*The Joyous Science: Selected Poems* - Maxim Amelin. Translated by Derek Mong and Anne O. Fischer, 2018.

*Purifications or the Sign of Retaliation* - Myriam Fraga. Translated by Chloe Hill, 2017.

*Returnings: Poems of Love & Distance* - Rafael Alberti. Translated by Carolyn L. Tipton, 2016.

*The Milk Underground* - Ronny Someck. Translated by Hana Inbar and Robert Manaster, 2015.

*Selected Poems of Mikhail Yeryomin.* Translated by J. Kates, 2014.

*A Hand Full of Water* - Tzveta Sofronieva. Translated by Chantel Wright, 2012.